LE POUVOIR DU GROUPE MASTERMIND

L'Arme Secrète
pour votre Vie personnelle et
professionnelle

EDOARDO
ZELONI MAGELLI

Copyright © 2025 Edoardo Zeloni Magelli

Tous droits réservés

ISBN: 978-1-80362-797-7

Première Edition en Italien : Septembre 2017

"Il Potere del Mastermind Group: L'Arma Segreta per la tua Vita personale e professionale"

L'Auteur : Psychologue, homme d'affaires et consultant, Edoardo Zeloni Magelli, né à Prato en 1984. En 2010, peu après avoir obtenu son diplôme en psychologie du travail et des organisations, il a lancé sa première startup. En tant qu'homme d'affaires, il est PDG de la Zeloni Corporation, une entreprise de formation spécialisée dans les sciences mentales appliquées aux affaires. Sa société est un point de référence pour quiconque veut concrétiser une idée ou un projet. En tant que scientifique de l'esprit, il est le père de la psychologie primordiale et aide les gens à renforcer leur mental dans les délais les plus courts possible. Amateur de musique et de sport.

UPGRADE YOUR MIND → zelonimagelli.com

UPGRADE YOUR BUSINESS → zeloni.eu

Les reproductions réalisées à des fins professionnelles, économiques ou commerciales, ou pour tout autre objectif autre que l'usage personnel, ne peuvent être effectuées qu'après avoir obtenu une autorisation spécifique délivrée par l'auteur.

Le lecteur accepte que l'auteur ne soit en aucun cas responsable des pertes directes ou indirectes, suite à l'utilisation des informations contenues dans ce livre, y compris, sans aucunes limites, des erreurs ou omissions éventuelles.

Les Masterminds (ou Groupes d'Entraide) peuvent accomplir des miracles pour vous et votre entreprise. Vous pouvez dépasser vos limites et vous améliorer à la fois professionnellement et personnellement. Que le voyage commence !

TABLE DES MATIERES

1.	LE GROUPE MASTERMIND	7
2.	L'HISTORIQUE DU MASTERMIND	13
3.	LA SELECTION DES MEMBRES	21
4.	COMMENT CELA FONCTIONNE	31
5.	LES AVANTAGES DU GROUPE MASTERMIND	43
6.	LA TABLE RONDE	45
7.	LE GROUPE DE CONFRERES	49
8.	TROUVER ET CREER UN GROUPE	53
9.	SUGGESTIONS	55
10	LE SIMPOCEAN	59

1

LE GROUPE MASTERMIND

Le Mastermind, ou Groupe d'Entraide, est une arme secrète très forte et puissante qui deviendra bientôt votre voie vers le succès. C'est une alliance de pensées, un petit groupe de pairs, qui se rencontrent régulièrement dans un esprit d'harmonie, pour discuter et s'entraider afin d'améliorer leurs propres résultats.

Les membres du groupe échangent des idées, des informations, des conseils, des stratégies et des ressources afin d'aider à résoudre les problèmes, surmonter les obstacles et relever les défis de leurs projets, en utilisant les capacités et les idées de chacun.

C'est un rendez-vous pour échanger des points de vue et améliorer leur entreprise. C'est une opportunité d'échanges avec d'autres personnes du même niveau mais avec des compétences et des expériences différentes. C'est un groupe qui devient également un soutien personnel et émotionnel solide.

Il n'y a pas de hiérarchies et tous les membres sont sur un pied d'égalité. Les décisions sont prises de manière totalement démocratique.

Il s'agit donc d'un échange entre des personnes hautement expérimentées dans certains domaines qui décident de partager leurs expériences et leurs compétences pour donner et recevoir une formation gratuite, et qui, en plus, ont le désir de faire croître leur entreprise, et sont prêtes également à aider les autres membres du groupe sans attendre de bénéfice financier en retour.

À partir du Mastermind, vous pouvez obtenir un mélange d'expérience, de formation, de connaissances, et c'est une excellente opportunité de tirer parti des talents et des capacités de tous les participants. Croyez-moi, parfois tout ce dont vous avez besoin est une idée simple ou une astuce pour révolutionner votre vie et votre entreprise.

C'est une opportunité de s'associer avec d'autres hommes d'affaires. Des partenariats et des projets communs sont souvent conclus, et même de bonnes amitiés, même si ce n'est pas l'objectif principal, mais, comme cela arrive souvent dans un Mastermind, vous devenez des amis qui s'entraident dans les affaires.

C'est un rendez-vous auquel assistent des personnes qui ont le même désir de croissance personnelle et professionnelle.

Ce n'est pas une réunion informelle, mais elle ne doit pas non plus être comparée à une soirée entre amis où l'on parle de choses générales et où l'on prend du temps loin des autres membres du groupe qui ont besoin de conseils.

Grâce au Mastermind, on peut également comprendre les processus qui mènent au succès, les étapes à franchir pour atteindre un objectif, les stratégies à mettre en œuvre pour obtenir des résultats. C'est un partenariat intellectuel qui vous donne l'impression que vous avez acquis de nouvelles compétences dès que la réunion est terminée.

Un groupe avec ces caractéristiques qui avance vers un objectif précis peut multiplier de manière spectaculaire les succès de ces membres.

Le Mastermind devient donc une opportunité de se rencontrer et de discuter d'un ou plusieurs sujets qui se transforme en un moment d'inspiration mutuelle, comme cela se produisait souvent dans l'Antiquité.

"Le principe du Mastermind consiste en une alliance de deux ou plusieurs esprits travaillant en parfaite harmonie pour l'atteinte d'un objectif commun et défini. Le succès ne vient pas sans la coopération des autres." Napoléon Hill

2

L'HISTORIQUE DU MASTERMIND

Au fil du temps, l'humanité a oublié que la conversation est un véritable art. Le passé a été relégué à l'oubli, ce passé qui offrait un ensemble inestimable d'outils pour comprendre le présent et édifier l'avenir.

L'être humain demeure identique, et la vie de l'humanité est une suite continue de parcours historiques et de recours incessants.

Dans la Grèce antique et la Rome antique, le symposium (ou convivium) était la pratique conviviale qui suivait un banquet, au cours de laquelle les participants mangeaient, buvaient, conversaient, chantaient, jouaient, dansaient et plaisantaient ensemble.

Le premier témoignage écrit du symposium se trouve sur la prétendue *Coupe de Nestor*, une coupe géométrique (*skyphos*), datant de la seconde moitié du VIIIe siècle avant J.-C.

Le mot "Symposium" vient du grec et signifie *"boire ensemble"* ; "convivium" vient du latin et signifie *"vivre ensemble"*. Il existait deux types : le *bon symposium*, telles que les *syssities spartiates*, admirées par de nombreux auteurs, qui étaient devenu un exemple à suivre, louées pour la sobriété des coutumes, et où les participants partageaient nourriture et boissons prescrites par la loi.

Ces repas étaient un moyen éducatif auquel participaient les jeunes et où ils assistaient à des discussions politiques ; et le *mauvais symposium*, fondé sur la vulgarité, les excès sexuels et la consommation de vin dans le but de s'enivrer.

Ces occasions étaient propices à la consommation excessive d'alcool et aux "amours", pendant lesquelles les participants buvaient trop et laissaient libre cours, sans limites, à leurs conversations, tout en étant des moments de célébration politique et de conspirations.

Dans le symposium, les participants avaient des idéologies et des aspirations d'égale intention et se reconnaissaient comme une association politique formée par des citoyens adultes de sexe masculin (*eteria*), partageant le même concept de vie, généralement enclin à l'oligarchie. C'était un instant de vie sociale particulièrement important et articulé. C'était une convention, un moment de dialogue culturel, une sorte de rituel collectif d'échange d'idées et d'opinions sur divers sujets, combinant le plaisir de converser et d'être ensemble, à la poésie, à la musique, à la danse, à la nourriture et au vin.

Le partage du repas avait une valeur d'identification sociale et rapprochait les personnes qui y participaient, la proximité était également due à la taille modeste des salles de banquet qui permettait à chacun des convives de voir et d'entendre tous les autres.

Parmi les sujets de conversation favoris, figuraient souvent des thèmes philosophiques et littéraires, et c'était un moment de grandes implications politiques et sociales, mais aussi éthiques, sacrées et religieuses.

C'était un terrain d'entraînement à la sagesse composé de conversations vives et cultivées.

Le banquet était une véritable institution pour l'aristocratie grecque et la classe dirigeante qui se réunissait pour discuter de politique et de culture. Avec le temps, avec la diminution des conflits politiques et le développement des structures urbaines, le symposium est devenu une réunion privée entre amis, tout en conservant l'esprit d'agrégation sociale.

Aujourd'hui, le concept reste essentiellement le même. Le concept du Groupe Mastermind (Alliance des Maîtres-Penseurs) est abordé, pour la première fois, avec conviction, passion et enthousiasme par Napoleon Hill dans son livre *La Loi du Succès* publié en 1920.

Hill fut l'un des premiers créateurs du genre littéraire moderne traitant du succès personnel et fut consultant du président américain Franklin Roosevelt. Il découvrit que le secret des personnes qui avaient accumulé une grande richesse résidait en fait dans la présence d'un groupe de soutien.

Il fut inspiré par l'homme d'affaires Andrew Carnegie, représentant du rêve américain. Carnegie quitta très jeune l'Écosse, son pays de naissance, afin de se rendre aux États-Unis pour y chercher fortune.

En 1865, il fonda sa compagnie, la *Carnegie Steel Company*, ce qui fit de Pittsburgh la capitale de l'industrie sidérurgique et du fer et le propulsa parmi les hommes les plus riches du monde. Il a construit l'une des entreprises les plus puissantes et influentes de l'histoire américaine, et est devenu très riche ; selon certains, son patrimoine évalué en dollars était le deuxième plus élevé de tous les temps et le cinquième par rapport au produit intérieur brut des États-Unis.

À l'âge de soixante-cinq ans, il vendit sa société au banquier J.P. Morgan pour 480 millions de dollars et consacra le reste de sa vie à l'écriture et aux activités philanthropiques. Il fit don d'environ 350 millions de dollars pour financer, cofinancer et établir des universités, des bibliothèques et des musées à travers le monde.

Andrew Carnegie était entouré d'un groupe de cinquante personnes dans le but de devenir le leader de la production et de la vente d'acier. Il affirmait que le mérite de toute sa fortune devait être attribué au pouvoir et aux connaissances accumulés grâce à ce groupe.

Napoleon Hill a également interviewé les six personnes les plus riches de Boston à l'époque. Là aussi, il est apparu que leur secret résidait dans la présence de ce groupe de soutien. Ils se rencontraient alors qu'ils n'avaient rien, mais grâce à l'entraide, à l'échange d'expériences, de connaissances et de ressources, ils sont devenus prospères. Et même après avoir atteint le succès, leurs groupes Mastermind ont perduré afin qu'ils puissent continuer à s'améliorer.

Après la publication par Napoléon Hill de *"Think and Grow Rich"* en 1937, son œuvre la plus célèbre, une concentration de philosophie pour le succès, le concept du groupe Mastermind s'est développé et a évolué pour devenir un instrument incontournable pour les personnes qui réussissent.

3

LA SELECTION DES MEMBRES

La clé du *Groupe Mastermind* réside dans la sélection des personnes. La qualité des individus déterminera la qualité des idées et des réflexions. Avec les bonnes personnes, vous pouvez créer un système de soutien très puissant avec une vision à long terme.

Le groupe n'a pas de leader à proprement parler, il y a un leadership partagé, un ensemble de personnes qui partagent des valeurs similaires et possèdent des compétences du même niveau.

"Avant de regarder ce que vous mangez et buvez, il est nécessaire de voir avec qui vous le faites ; en effet, manger sans amis est une vie de loup ou de lion."

Ce principe d'Épicure, cité par Sénèque dans sa dix-neuvième lettre à Lucilius, met en lumière l'importance du choix des convives.

C'était un bon conseil pour les membres de la haute société romaine qui ne pouvaient pas se risquer à s'asseoir à table avec leurs "*clients*" (le "*Cliens*" étant le citoyen qui devait remplir une série d'obligations envers un "*patronus*") car ils agissaient par opportunisme et non par une amitié honnête.

"Errat autem qui amicum in atrio quaerit, in convivio probat"

"Celui qui cherche un ami dans le vestibule et le met ensuite à l'épreuve au banquet commet une erreur."

Sous certaines conditions, chacun peut sembler être un ami, mais pour découvrir un véritable ami, il convient de se remémorer les personnes qui ont été à nos côtés et qui nous ont soutenus dans les moments difficiles.

Ceci s'applique à de nombreux contextes variés, nous faisant ainsi prendre conscience que les véritables amis durables ne sont pas ceux que nous rencontrons dans des lieux et des soirées, mais plutôt ceux avec qui nous partageons notre temps, nos passions et nos projets.

Si vous êtes le seul à donner des conseils, alors vous êtes dans le mauvais groupe. Un des points clés du groupe Mastermind est la réciprocité.

- Les personnes qui ne devraient jamais faire partie de votre groupe Mastermind sont des individus bien intentionnés mais dépourvus de compétences et non orientés vers les résultats. Ces personnes ne sont pas utiles. Ce sont typiquement des individus habiles avec les mots, ayant de nombreuses idées, mais n'ayant jamais rien accompli, donc pas pratiques. Ce sont également ceux qui préfèrent sortir prendre un verre plutôt que de créer quelque chose lorsqu'il est temps de travailler.

- Vous avez besoin de personnes motivées, positives et orientées vers l'abondance. Vous devez échanger des idées avec des gens qui cherchent à développer d'excellentes relations à long terme. Des personnes positives ayant la bonne mentalité, déterminées à progresser et faire avancer leurs projets.

- Vous avez besoin de membres dotés de compétences en résolution de problèmes.

- Vous avez besoin de personnes ayant une expérience directe dans ce qu'elles font. Les passionnés et les médiateurs qui sont passionnés mais qui n'ont jamais participé directement aux activités ne sont pas les bonnes personnes.

- Il n'y a même pas de place pour les personnes égocentriques et centralisatrices qui veulent tous les avantages pour elles-mêmes, c'est-à-dire celles qui prennent sans donner. Ces individus profitent continuellement des autres sans rien apporter en retour. Le groupe Mastermind repose sur l'échange d'idées et d'expériences.

- Même si les participants partagent les mêmes centres d'intérêt, ils ne doivent pas tous être du même domaine, avoir la même expérience, ni les mêmes compétences. Ils ne doivent pas non plus être du même sexe, ni du même âge. Ce sont des facteurs très importants, car la diversité est nécessaire pour apprendre les uns des autres, échanger des idées et des pensées qui peuvent nous enrichir, et voir les choses sous des angles et des perspectives différents.

La diversification du groupe est un élément très important et nécessaire pour tirer parti de ce qui est, à mon avis, l'arme la plus puissante qui existe : *TRANSFER LEARNING (en français Transfert d'Apprentissage)*

Le transfert d'apprentissage est dévastateur, il peut vous donner un avantage concurrentiel qui n'est pas facilement accessible à la plupart des gens.

Le Transfer Learning (transfert d'apprentissage) est une technique qui repose sur l'acquisition de connaissances dans plusieurs domaines afin de vous fournir de nouvelles suggestions et idées que vous n'auriez jamais obtenues en étudiant uniquement dans votre propre domaine.

C'est une stratégie mise en œuvre lorsque nous acquérons de nouvelles connaissances dans un secteur et que nous avons la capacité de les appliquer à d'autres domaines. Les illuminations et révolutions surviennent lorsque nous sommes capables d'utiliser des notions apprises ailleurs que dans notre propre spécialité et que nous parvenons à établir de nouvelles connexions grâce à notre esprit critique.

Assimiler des informations avec cette technique permet de renforcer vos muscles cérébraux, ce qui vous permet d'établir de nouvelles connexions et de découvrir de nouveaux horizons. Vous apprendrez à relier toutes les informations provenant de divers secteurs et à exploiter l'immense pouvoir généré par cette technique. La connaissance est prodigieuse. Nous avons tant à découvrir, et plus vous approfondissez vos études, plus vous prenez conscience de votre ignorance.

La vie doit être une quête perpétuelle de savoir pour enrichir notre existence et élargir nos horizons ; c'est la protection contre les illusions et les idées erronées que nous avons de nous-mêmes et du monde environnant.

Sans aucun doute, nous pouvons puiser dans des savoirs variés et grandir considérablement en tirant parti du pouvoir du groupe Mastermind.

Après avoir sélectionné les membres, il est également utile de rédiger un accord entre les participants. Personne n'entre définitivement dans le groupe avant d'avoir assisté à une deuxième réunion.

Il est judicieux de permettre aux nouveaux candidats de faire un essai sans obligation. Vous acceptez de laisser une personne essayer l'expérience Mastermind une ou deux fois. Après la deuxième réunion, si tout le monde est d'accord, le nouveau membre peut rejoindre le groupe.

Il est important que les personnes qui intègrent le groupe Mastermind puissent apporter une valeur ajoutée aux autres membres. Si elles ne respectent pas les règles et n'apportent aucune valeur après le premier essai, leur participation est annulée. Dans le groupe Mastermind, il faut de l'engagement ; c'est un système de soutien à long terme.

Les membres doivent assurer leur présence et s'engager à une participation régulière et ponctuelle. Le nombre idéal de participants pour un groupe Mastermind de qualité est compris entre 4 et 8 personnes.

C'est un nombre optimal qui permet d'approfondir les sujets de discussion. Dans les groupes plus grands, il y a un risque de confusion et peu de temps à consacrer à chacun des participants.

Il est également utile d'avoir un accord de confidentialité entre les membres. Les réunions doivent se tenir à l'abri des regards indiscrets et tout ce qui se passe dans le groupe Mastermind reste dans le groupe Mastermind.

4

COMMENT CELA FONCTIONNE

Pour un groupe Mastermind de qualité, il est important d'avoir une planification précise. Il est essentiel d'établir des règles et des règlements pour structurer les réunions. Tout d'abord, il faut élire le conducteur, le médiateur et le facilitateur, *le Roi du Symposium*. Un rôle qui peut changer d'une session à l'autre et être attribué à tour de rôle parmi les membres. Le Roi du Symposium était un invité chargé de gérer et d'animer la fête.

Il était élu avec une couronne de fleurs ou de feuilles de lierre, plus belle que celles des autres invités. Le conducteur est fondamental pour s'assurer que le temps est respecté pendant la session.

Le Mastermind n'est pas une simple discussion entre amis, mais un moment de réflexion, d'inspiration et de motivation. Vous pouvez vous réunir physiquement ou virtuellement en utilisant des outils qui permettent de surmonter les limites de l'espace et des distances, tels que : *Skype, Zoom* or *Hangouts*.

Le fondement du groupe Mastermind réside dans le partage de tout ce qui revêt une importance particulière pour vous et les autres membres.

Vous partagez des objectifs et des problèmes, abordez des sujets, réfléchissez aux propositions reçues, aux retours des clients, vous vous motivez mutuellement, apportez des livres à consulter, recommandez des ouvrages à lire, lisez des citations pour réfléchir et discutez des logiciels à utiliser.

Au cours de ces réunions, nous nous enrichissons en donnant et en recevant, en échangeant expériences, suggestions et connaissances, et enfin en fixant des objectifs pour la prochaine session.

Il est important de respecter le programme sans s'éloigner des sujets liés au Mastermind. Il est utile de laisser votre vie privée en dehors du groupe, ou si vous souhaitez en parler, vous pouvez le faire à la fin de la réunion.

LOCATION

Cela peut se dérouler n'importe où, l'important est que l'environnement garantisse la confidentialité et la concentration, sans distractions ni interruptions.

Il peut être organisé chez quelqu'un, dans une villa, dans des chambres d'hôtel, des fermes, des spas, des plages désertes et parfois même dans des restaurants, bien que cela ne soit pas l'environnement idéal en raison des interruptions et du manque de concentration.

LE PROGRAMME

Il est important de décider quels sujets vous souhaitez aborder et de quelle manière. La meilleure façon de commencer un Mastermind est de partager les objectifs et les petits succès obtenus depuis la session précédente.

Les membres prennent tour à tour la parole pour partager leurs résultats, informant ainsi les autres. Cela aide à organiser la réunion.

Pour les premières réunions, il est judicieux de discuter des aspects généraux des sujets avant d'en aborder les détails. Il est recommandé d'établir toujours un programme et de définir les thèmes que vous souhaitez traiter, par exemple :

- Le Jour de la Productivité et de la Gestion du Temps

- Le Jour du Marketing

- Le Jour des Ventes

- Le Jour du Brainstorming

- Le Jour des Ressources Humaines

- Le Jour de la Gestion-Client

- Le Jour de la Recherche et du Développement

- Le Jour de l'Automatisation Digitale

- Le Jour de l'Avenir

Ensuite, vous abordez des questions telles que :

- Quelles sont les principales difficultés que vous rencontrez ces derniers temps ?

- Comment avez-vous géré et surmonté cette difficulté ?

- Quelles stratégies avez-vous utilisées pour obtenir vos résultats ?

- Quel est l'événement le plus important qui vous est arrivé depuis la dernière réunion ?

- Quelles sont les nouvelles opportunités ?

- Quels sont les objectifs les plus importants ?

- Quel est le nouveau challenge que vous désirez relever ?

Un exemple d'ordre du jour pourrait être :

- Célébration des succès

- Analyse des objectifs de la session précédente et des problèmes éventuellement rencontrés.

- Analyse des stratégies réussies ayant permis d'obtenir des résultats.

- Discuter du sujet du jour ou d'un thème que vous avez choisi.

- Analyser les problèmes des participants avec les idées, astuces et stratégies respectives pour les surmonter.

- Etablir les objectifs à examiner lors de la prochaine session

TEMPS ET DUREE

Il y a de nombreuses possibilités, et vous êtes libre de choisir le moment et la durée que vous préférez. Vous pourriez organiser votre Mastermind avec ces intervalles :

- Réunions hebdomadaires d'une durée d'environ 90 minutes.

- Une journée entière une fois par mois.

- Deux journées intensives chaque saison.

- Une semaine par an.

Il est crucial de respecter rigoureusement le temps et l'emploi du temps préétablis, car il y a un risque que le groupe Mastermind se métamorphose en une réunion amicale. Bien que cela puisse être agréable, cette approche ne favorisera pas la réalisation des objectifs de croissance professionnelle.

Vous répondez chacun votre tour aux questions tandis que les autres restent complètement silencieux et prennent des notes, en écrivant des idées et des solutions pour apporter leur aide.

Pour maintenir l'efficacité du groupe, il est toujours utile d'avoir un minuteur pour gérer le temps. Il y a toujours des personnes prolixes qui parlent trop. Le minuteur permet à chacun d'avoir le même temps de parole. Vous parlez toujours avec ce minuteur, chacun a un certain nombre de minutes pour commenter et aider à surmonter les défis. Il peut également arriver que vous deviez annoncer une session extraordinaire si l'un des membres du groupe traverse une situation d'urgence.

LE HOT SEAT

L'une des meilleures façons de mener un Mastermind est d'utiliser la technique du *Hot Seat* (Chaise Haute).

Être assis sur le Hot Seat signifie que vous avez l'opportunité de parler de vos difficultés et de demander de l'aide. C'est le siège où un membre et son entreprise sont sous les projecteurs, au centre de la réunion, toute l'attention est sur eux. C'est la situation la plus individualiste et la plus désintéressée de toutes. Lorsque c'est notre tour, nous devons nous préparer à être centrés sur nous-mêmes pour tirer le meilleur parti de cette expérience et obtenir le plus de soutien possible, afin de pouvoir grandir et nous améliorer.

C'est être égoïste pour devenir plus altruiste. Vous tirerez le meilleur parti des autres sous les projecteurs. Vous vous asseyez, respectez l'agenda et demandez ce dont vous avez besoin. C'est le moment idéal pour obtenir tout le soutien et l'appui possibles du groupe.

Quand c'est votre tour, vous devez être avide de connaissances et demander de l'aide. Si vous le faites, vous élèverez le niveau de vos activités.

Les victoires sont partagées et les retours sont donnés sur le travail accompli. Cela vous met sous pression jusqu'à la prochaine session, vous incitant à faire mieux et à obtenir davantage de résultats, car vous retournerez ensuite sous les projecteurs pour parler de vous-même. Cette dynamique vous rendra plus responsable.

- Sur quoi travaillez-vous ?

- Comment avez-vous obtenu ces résultats ?

- Qu'est-ce qui ne fonctionne pas ?

- De quel type d'aide avez-vous besoin ?

Vous ne devriez jamais avoir le sentiment que l'on vous juge, le groupe est votre allié. Lorsque vient votre tour de parler, même si vous n'avez pas obtenu de résultats significatifs, essayez de trouver un petit succès. Par exemple, avoir de nouveaux abonnés à la newsletter, avoir augmenté les visites sur le site web ou avoir reçu des compliments de quelqu'un. Même s'ils semblent modestes, ces succès doivent être partagés avec le groupe.

5

LES AVANTAGES DU GROUPE MASTERMIND

Participer à un groupe Mastermind accélère votre transformation, améliore votre vision personnelle et votre entreprise, et vous offre de nombreux avantages, en résumé :

- Support réciproque
- Échange et accès à différentes ressources, savoir-faire et stratégies
- Différents points de vue et nouvelles perspectives

- Création et expansion de votre réseau

- Relations approfondies

- Responsabilité personnelle et inspiration

- Partage

- Parvenir à se focaliser et à rester concentré sur les objectifs

6

LA TABLE RONDE

Il peut parfois être nécessaire d'organiser une Table Ronde. La Table Ronde était celle du château de Camelot où le roi Arthur et ses chevaliers se réunissaient pour discuter des affaires cruciales du royaume. Son objectif était d'éviter les conflits de suprématie. En fait, comme il n'y avait pas de chef de table, chaque chevalier, y compris le Roi, avait une place égale avec tous les autres, et le Roi Arthur se sentait juste comme n'importe quel autre chevalier.

La Table Ronde d'aujourd'hui est une situation de confrontation accrue. C'est une réunion-événement avec un petit nombre de participants spécialisés et ouverte au public.

Le but d'une table ronde est de discuter d'un thème d'actualité. Un événement où il y a une interaction continue entre les participants et le public. Ceux-ci doivent venir au débat en ayant préparé les sujets qui seront abordés. Vous commencez par passer en revue une liste de choses à faire pour le bon déroulement de l'événement.

Vous décidez du thème et du titre de la Table Ronde, puis après examen, vous choisissez l'emplacement, étudiez les placements, réfléchissez aux collaborateurs et planifiez le timing.

La prochaine étape consiste à contacter les personnes invitées et à estimer le nombre probable de participants.

Vous envoyez les invitations, soit sous forme papier soit numériquement, et vous vérifiez l'acoustique du lieu choisi.

Il est également judicieux de contacter une société de restauration pour organiser un banquet pour les participants, cela est toujours apprécié.

La communication de l'événement revêt une grande importance. Tant les invitations que tout le matériel publicitaire doivent indiquer clairement le titre de la Table Ronde, les sujets abordés doivent être compréhensibles, il doit être précisé qui sont les organisateurs, les intervenants, ainsi que la date, l'heure, la ville et l'adresse de l'emplacement, ainsi que le numéro de la salle.

Il est également utile de fournir un plan pour se rendre sur le lieu de l'événement, en indiquant également les moyens de transport disponibles. De plus, le montant de la participation ainsi que les modalités d'inscription doivent être clairs.

La promotion sera essentielle. Il faudra l'annoncer en exploitant le potentiel du web, notamment à travers le site web, le marketing par courriel, les réseaux sociaux, et surtout grâce à notre entonnoir. Vous pouvez également profiter de la publicité traditionnelle telle que les panneaux d'affichage, les camions publicitaires mobiles et la distribution de tracts aux points stratégiques de la ville.

Si des participants viennent de l'étranger, il est nécessaire d'organiser leur séjour en identifiant les établissements d'hébergement appropriés, en tenant compte de la qualité de leurs services et de leur proximité avec le lieu de l'événement.

7

LE GROUPE DE CONFRERES

" Tu es la moyenne des 5 personnes avec qui tu passes le plus de temps. " Jim Rohn

Les personnes qui nous entourent ont une certaine influence sur nous. Pour savoir combien gagne une personne, identifiez ses cinq amis les plus proches et calculez leur revenu moyen. Pour appréhender les aspirations d'une personne, identifiez ses cinq amis les plus chers et vous trouverez la réponse. Si vous souhaitez comprendre et évaluer une personne, identifiez ses cinq meilleurs amis et vous aurez une idée.

Lorsque vous êtes travailleur indépendant, vous faites également souvent face à la solitude personnelle. Les gens ne comprennent pas vos choix, d'autres s'en moquent, d'autres les ignorent complètement.

Vous ne pouvez pas continuer à écouter ceux qui ne croient pas en vos qualités et capacités. En fréquentant un environnement dans lequel vous n'avez pas confiance, vous risquez de vous convaincre que vous avez peu foi en vous-même et que vous n'êtes pas capable.

" Laissez partir les personnes négatives, elles ne se manifestent que pour partager des plaintes, des problèmes, des récits désastreux, la peur et des jugements sur autrui. Si quelqu'un cherche une poubelle où jeter toutes ses ordures, assurez-vous que ce ne soit pas dans votre esprit."

Dalai Lama

La vision du monde des personnes avec qui nous passons du temps a un grand impact sur nous. Les êtres humains sont des animaux sociaux qui ont tendance à se mélanger avec d'autres individus et à s'établir dans des sociétés. Les relations que nous entretenons influencent nos récits personnels et nos croyances.

Nous ne devrions jamais accuser autrui du cours de nos existences, mais les personnes que nous côtoyons influent sur notre perception de la réalité. Nous avons le pouvoir de choisir avec qui partager notre temps, ceux avec qui passer nos journées et partager nos passions. Nous devons nous entourer de personnes qui résonnent sur la même fréquence que la nôtre.

Vous devez fréquenter des personnes qui vous aident à vous épanouir, qui partagent la même vision que vous, des alliés qui vous soutiennent, des personnes qui vous encouragent et vous motivent. Évitez de côtoyer celles qui vont à l'encontre de vos idées et de vos projets.

Vous devez chercher des personnes qui ont déjà obtenu des résultats et du succès dans ce domaine, leur demander de vous parler de leurs expériences et vous enseigner leurs stratégies. Seules les personnes qui ont réussi dans un secteur peuvent vous enseigner comment obtenir des résultats dans ce domaine. Vous devez toujours vous inspirer des personnes qui réussissent. Votre atout sera de vous entourer de personnes bien établies. Vous devez être réceptif et absorber tout ce qui vous entoure pour progresser.

" Si vous êtes la personne la plus intelligente dans la pièce, vous êtes dans la mauvaise pièce."

8

TROUVER ET CREER UN GROUPE

Pour trouver ou créer un groupe, vous devez d'abord avoir une exigence de base : la motivation. Si vous êtes motivé, vous pouvez commencer à trouver des personnes intéressées à démarrer cette activité. Créer un Mastermind est facile si vous trouvez les bonnes personnes. Commencez par contacter quelqu'un de confiance au même niveau qui souhaite des conseils et veut développer son entreprise, puis vous pouvez envisager les autres membres.

S'ils ne savent pas de quoi vous parlez, vous pouvez leur donner ce livre. Identifiez votre créneau de compétences et avant de commencer à parler à d'autres de certains sujets, commencez à les étudier et soyez prêt.

Pour trouver vos futurs participants au Mastermind, vous pouvez profiter du service de réseau social *Meetup*, une plateforme conçue pour faciliter la rencontre avec d'autres personnes du monde entier, en formant des groupes créés autour d'un intérêt commun.

Vous devez être prêt à investir du temps pour mettre en œuvre les conseils et les éléments donnés par le Mastermind. Sinon, la participation est inutile. N'oubliez pas de mettre en pratique les stratégies et les astuces que vous recevez. Il ne suffit pas de connaître ; sans action, la participation au groupe Mastermind est inutile. Dans la vie, avoir des idées ne suffit pas ; les mettre en pratique fait la différence.

9

SUGGESTIONS

Dans mes réunions, quelques jours avant notre rencontre, j'envoie généralement l'ordre du jour et le programme avec les points à discuter aux membres du groupe. Cela aide chacun à être mieux préparé, concentré et conscient lors de la réunion.

C'est une stratégie qui offre également un autre avantage. Dès qu'ils terminent de lire le programme, leur cerveau commencera inconsciemment à réfléchir à des idées et des solutions jusqu'au jour de la réunion.

Et croyez-moi, les meilleures idées viennent souvent quand on est occupé à faire autre chose.

Il arrive souvent qu'on arrive à la réunion avec des problèmes déjà résolus et de nouvelles idées.

Cela nous rend plus efficaces et efficients.

Il doit toujours y avoir quelqu'un qui rédige un compte rendu détaillé de tous les sujets abordés, puis le transmet à tous les participants.

Une autre recommandation, dédiée à améliorer la concentration, est de changer souvent de lieux, de ne jamais s'asseoir au même endroit, et de changer de position au cours de la même session.

Cette variation de stimulus continu permet de maintenir un niveau de concentration élevé et stimule de nouveaux points de vue et perspectives.

 Beaucoup de mes collègues, étudiants et clients qui appliquent ma *Variation de Stimulation Continue* (*Variation de Stimulation Continue de Zeloni Magelli*) obtiennent une augmentation remarquable de la productivité quotidienne et maintiennent une concentration élevée.

Un diktat (une condition imposée non négociable) à laquelle nous nous heurtons dans notre groupe Matermind est la déconnexion totale.

Tous les téléphones doivent être éteints (ce qui signifie hors tension, pas seulement en mode silencieux), aucune vérification des e-mails, aucun ordinateur ou utilisation d'Internet. Lorsque l'Internet est nécessaire pour la recherche de plus d'informations ou l'utilisation de l'ordinateur pour quelque raison que ce soit, cela se fait à la fin de la réunion.

Pendant le groupe Mastermind, la déconnexion totale des autres et du monde extérieur est de mise.

Il est important que tous les participants déclarent leurs objectifs devant tout le monde à la fin de la réunion. Ne vous retenez pas, n'ayez pas peur de les crier comme on crie dans un vestiaire avant un match. Déclarez vos objectifs à haute voix, cela vous aidera à être plus concret et vous poussera à travailler plus dur.

Lorsque vous atteignez un but ou même une petite réussite, prenez l'habitude de célébrer.

Peut-être avec un dîner, une bouteille de champagne, peu importe, mais il est important de le faire. C'est un outil d'ancrage très puissant qui restera le témoin des résultats obtenus à ce moment-là. Célébrez vos réussites, même les petites, à la première occasion.

Une autre suggestion que j'ai envie de vous donner est d'avoir plusieurs groupes Mastermind pour chaque domaine de votre vie. Chacun avec des horaires et des durées différentes. Dans certains groupes, quatre-vingt-dix minutes par semaine suffisent, dans d'autres, la fréquence mensuelle est la meilleure, et dans d'autres encore, la fréquence annuelle fonctionne. À vous de comprendre quelle est la meilleure situation pour améliorer votre groupe.

10

LE SIMPOCEAN

Je me demande si vous êtes curieux de savoir qu'avant de parler du Simpocean, nous devons évoquer l'Atlantide, cette ancienne île sous-marine disparue dans la nuit des temps.

Elle est décrite pour la première fois dans le dialogue de Platon, le *Timée*, vers 355 av. J.-C., l'un des écrits les plus importants et influents dans lequel Platon examine la nature et l'origine de l'univers et de la nature humaine. C'est grâce aux écrits de Platon que l'humanité a découvert l'Atlantide.

[...] Ce pouvoir émanait de l'océan Atlantique, car en ces temps-là l'Atlantique était navigable ; et il y avait une île située en face des détroits que vous appelez les Colonnes d'Héraclès ; l'île était plus grande que la Libye et l'Asie réunies, et c'était le passage vers d'autres îles, et de celles-ci, on pouvait accéder à l'ensemble du continent opposé qui entourait le véritable océan ; car cette mer qui est à l'intérieur des Colonnes d'Héraclès n'est qu'un port, avec une entrée étroite, mais l'autre est une véritable mer, et la terre environnante peut être appelée à juste titre un continent sans limites. Maintenant, sur cette île de l'Atlantide, il y avait un grand et merveilleux empire qui régnait sur toute l'île et plusieurs autres, ainsi que sur des parties du continent, et de plus, les hommes de l'Atlantide avaient soumis les régions de la Libye à l'intérieur des Colonnes d'Héraclès jusqu'à l'Égypte, et de l'Europe jusqu'à la Tyrrhénie. [...]

Avant que les plus grandes civilisations ne naissent, il y avait une population extrêmement évoluée et technologiquement avancée, les habitants de l'Atlantide. L'Atlantide était un pays habité par la perfection, sa civilisation atteignit son apogée vers 9000 av. J.-C. et apporta culture et civilisation au monde.

C'était le paradis sur terre. Elle était riche en minéraux précieux, en sols fertiles, en forêts et en faune sauvage ; la terre produisait des biens et des produits abondants. Il y avait des temples, des palais royaux, des ports et d'autres œuvres majestueuses. Elle était devenue un puissant royaume au cœur de l'Atlantique, avec ses montagnes au nord et le long de la côte, descendant vers les plaines du sud.

L'île était divisée en dix régions, et les dix fils de Poséidon en devinrent les rois. Elle était gouvernée par les fils du dieu de la mer. Vers 9600 av. J.-C., la majeure partie de l'Europe occidentale et de l'Afrique fut conquise par l'Empire de l'Atlantide.

Cette date coïncide avec la fin de la dernière période glaciaire et la naissance des premières cités-États, découvertes dans l'Irak actuel. Après avoir tenté de conquérir Athènes, l'Atlantide, qui était devenue corrompue, une condition qui avait ruiné une société paisible, riche et extrêmement sage, fut détruite et engloutie par des cataclysmes terribles provoqués par Poséidon.

[...] Mais par la suite, de violents tremblements de terre et des inondations survinrent ; et en l'espace d'un seul jour et d'une nuit de malheur, tous vos hommes de guerre furent engloutis par la terre, et l'île de l'Atlantide disparut de la même manière dans les abîmes de la mer. [...]

Ignace Donnelly, politicien, essayiste et chercheur américain, auteur du livre *Atlantis : Le Monde Antédiluvien*, publié en 1882, croyait que de nombreuses technologies utilisées pour développer la métallurgie, l'agriculture et la construction, ainsi que d'autres conquêtes de l'humanité telles que la religion et la langue, trouvaient leur origine en Atlantide, qui avait ensuite diffusé son savoir aux populations anciennes qui ne possédaient pas de telles compétences.

C'est une théorie similaire à celle du *Paléocontact* ou théorie *paléoastronautique*, un ensemble de théories qui supposent un contact entre des civilisations extraterrestres et des civilisations humaines évoluées de l'Antiquité, telles que les Sumériens, les Égyptiens, les civilisations de l'Inde ancienne et les civilisations précolombiennes.

Macaronésie est un nom collectif pour désigner les divers archipels de l'océan Atlantique Nord situés au large des côtes africaines. Une position géographique qui coïncide avec la description de Platon, au-delà des colonnes d'Hercule, juste à l'extérieur du détroit de Gibraltar.

Les îles de la Macaronésie sont considérées comme ce qui reste de l'ancien continent perdu.

Macaronésie dérive du grec *μακάρων νῆσοι* (makaròn nêsoi) et signifie *Îles des Bienheureux,* une expression utilisée par les anciens géographes grecs pour désigner certaines îles qui se trouvaient au-delà du détroit de Gibraltar.

Ce sont les Îles Fortunées où les dieux accueillaient les héros et les mortels d'une nature extraordinaire.

Et c'est juste à l'extérieur des Piliers d'Hercule, où se déroule le **SIMPOCEAN - le Sommet Annuel des Groupes Mastermind**. Le Groupe Mastermind des Groupes Mastermind très évolués.

Le Symposium des Îles Bienheureuses.

Il se trouve sur les Îles Fortunées, sur une île volcanique au milieu de l'Atlantique nommée réserve de biosphère par l'UNESCO, dans un paradis terrestre tel qu'Atlantis, sur la première et la plus ancienne sur le plan géologique des îles Canaries, faisant partie de la Macaronésie : l'île de Fuerteventura.

Une semaine de Mastermind dans l'océan Atlantique. Un événement où les membres des Groupes Mastermind dialoguent avec d'autres membres de différents autres groupes pour accroître de manière exponentielle leurs connaissances, avec des avantages précieux. C'est une occasion d'échanges précieux avec des personnes de classe mondiale qui peuvent aider à élargir les limites de votre entreprise et à renforcer votre réseau à l'échelle mondiale.

La recherche du continent perdu de l'Atlantide a duré des milliers d'années, tout comme la quête de vérité et de connaissances oubliées. Les écrits de Platon sont comme une carte au trésor, tout comme les stratégies du groupe Mastermind Simpocean.

C'est tirer parti du pouvoir de Poséidon pour déclencher des tsunamis de compétences, des cataclysmes de connaissance et provoquer la destruction et l'effondrement de l'ignorance.

Le Simpocean accueille les héros de la connaissance et les hommes d'une volonté extraordinaire pour redécouvrir l'art de la conversation et du dialogue. Des dialogues platoniciens, on se retrouve à converser dans l'ancien convivium et symposium. Nous revenons à cultiver la connaissance comme nous cultivons le blé.

C'est un hymne à la Connaissance, à la Culture, à la Sagesse, à l'Art et à la Justice, pour redevenir la population évoluée et technologiquement avancée de l'Atlantide.

LA SELECTION

Seuls les membres de la *Liste des 50* peuvent participer au Simpocean, une liste très puissante, à l'image de son nombre. Vous ne pouvez rejoindre cette liste qu'après une sélection minutieuse et rigoureuse.

La sélection est ouverte à des personnes du monde entier et tout le monde peut postuler. Le monde a toujours besoin de nouveaux cerveaux, de nouvelles idées, de personnes intelligentes et motivées.

La sélection du Simpocean est une sélection mondiale de cerveaux. Si vous pensez avoir un talent particulier, si vous souhaitez grandir et construire quelque chose d'important, alors vous devriez postuler pour la sélection. La sélection des candidats se déroule dans un véritable groupe de Mastermind. Pendant cette période, les compétences, les capacités, les réalisations, la qualité des idées et tous les critères fondamentaux seront évalués afin de devenir membre d'un groupe de Mastermind évolué.

Tous les candidats recevront une note et feront partie d'un classement mondial avec des sous-classements divisés en catégories.

Pour participer à la sélection, il vous suffit de prendre part à au moins un des événements mastermind accrédités que vous trouverez sur le site officiel du Sommet : **simpocean.net**

Si vous êtes organisateur d'événements mastermind, vous pouvez également postuler pour faire accréditer votre événement. Il vous suffit de vous rendre sur le site web et d'envoyer votre programme mastermind pour évaluation. Si votre candidature est acceptée, votre événement sera accrédité.

LE FONCTIONNEMENT DU SIMPOCEAN

La semaine sur l'île de Fuerteventura se déroule dans le plus grand secret et à l'abri des regards indiscrets.

La semaine est divisée en :

- **JOUR 1** : Régénération mentale, méditation, pleine conscience et autres activités.

- **JOUR 2**-3 : Les 50 membres de la liste sont répartis en petits groupes, marquant le début de plusieurs réunions distinctes. Grâce à la technique avancée de la *Dynamique de Groupe en Croisement de Zeloni Magelli*, nous tirerons parti des avantages d'un Groupe de Maîtres de 4 à 8 participants, et un échange approprié de connaissances entre tous les membres sera encouragé.

- **JOUR 4 :** Assemblée générale.

- **JOUR 5 :** Tour de l'île.

- **JOUR 6 :** La journée des visions et de la création de nouveaux réseaux.

- **JOUR 7 :** Journée libre pour laisser libre cours à votre imagination.

EVENEMENTS MASTERMIND

Vous trouverez ici une liste de certains événements Mastermind accrédités et ouverts au public auxquels vous pouvez également participer.

Il n'existe pas de baguette magique pour réussir, mais il y a des raccourcis. Obtenir les bonnes informations immédiatement vous aidera à éviter un chemin long et tortueux de tâtonnements. Cela vous fera gagner du temps, de l'argent, de l'énergie et des ressources, car vous apprendrez immédiatement ce qui fonctionne et ce qui ne fonctionne pas.

MIND MASTERMIND : Le premier Mastermind au monde sur l'Esprit Renforcé où vous pouvez augmenter le pouvoir de votre esprit.

LE WEEK-END MASTERMIND : Le week-end de formation en marketing, ventes et gestion financière d'entreprise spécialisé dans les sciences mentales appliquées aux affaires. Un week-end pour apprendre les meilleures pratiques internationales et pouvoir se comparer à d'autres entrepreneurs et travailleurs indépendants au milieu des collines toscanes.

HYBRID MASTERMIND : Acquérir 100 ans d'expérience en seulement 7 jours en exploitant la puissance du mastermind. C'est l'événement qui a donné naissance à une nouvelle génération d'expériences hybrides : Formation, Nature et Tourisme Durable.

LE CENHOLDING DU NOUVEL AN : C'est "Le Grand Dîner Mastermind" du 29 décembre - également surnommé en plaisantant le dîner qui vous donne deux jours d'avance sur vos concurrents - où les nouvelles startups trouvent des financements privés et où les investisseurs et business angels découvrent de nouvelles opportunités d'investissement. Au fil du temps, c'est devenu un véritable épicentre de l'investissement international. C'est assurément le dîner pour bien commencer la nouvelle année et être certain de se trouver au cœur du flux d'informations importantes. Parfois, un seul dîner suffit pour révolutionner votre vie et votre entreprise !

CERCLE PRIVE DIAMENE

MASTERMIND : C'est mon Cercle Privé, où je ne collabore qu'avec 8 personnes chaque année. Si vous êtes sélectionné, je travaillerai personnellement avec vous, ainsi qu'avec 7 autres individus d'exception, pour fortifier votre esprit et votre entreprise, vous permettant ainsi d'améliorer vos performances dans tous les domaines et de doubler vos profits au cours des 12 prochains mois. Cela peut vous sembler une proposition audacieuse et ambitieuse, mais elle repose sur des résultats totalement indéniables que mes clients et moi avons obtenus depuis 2010.

Cela est dû à des techniques, des stratégies et des méthodes bien testées qui fonctionnent à merveille et qui deviennent chaque année de plus en plus affinées, grâce à l'expérience directe et aux connaissances que je continue à acquérir lors des masterminds auxquels je participe.

" **Chanceux est celui qui apprendra à maîtriser le Pouvoir du Mastermind.** "

Dr. Edoardo Zeloni Magelli

Imaginez commencer à lire un livre par semaine et créer un groupe de Mastermind avec 7 autres personnes lisant un livre par semaine.

Imaginez échanger vos connaissances avec celles des autres pour découvrir les 20 % qui vous garantissent 80 % des résultats.

Pouvez-vous comprendre la croissance personnelle et professionnelle extraordinaire que vous pourriez avoir avec un groupe de Mastermind ?

Grâce à ce livre, vous avez découvert un grand pouvoir. Maintenant, c'est à vous de jouer.

Visez grand. Elargissez vos horizons. Lorsque vous êtes entouré de personnes incroyables, vous pouvez accomplir des choses incroyables.

" Un investissement dans la connaissance rapporte toujours le meilleur intérêt. "

Benjamin Franklin

UPGRADE YOUR MIND → zelonimagelli.com

UPGRADE YOUR BUSINESS → zeloni.eu

Edoardo Zeloni Magelli
Atlantide
Septembre 2017

www.ingramcontent.com/pod-product-compliance
Lightning Source LLC
Chambersburg PA
CBHW060033040426
42333CB00042B/2411